# Das schenk ich dir!

## Ideen für kreative Kids

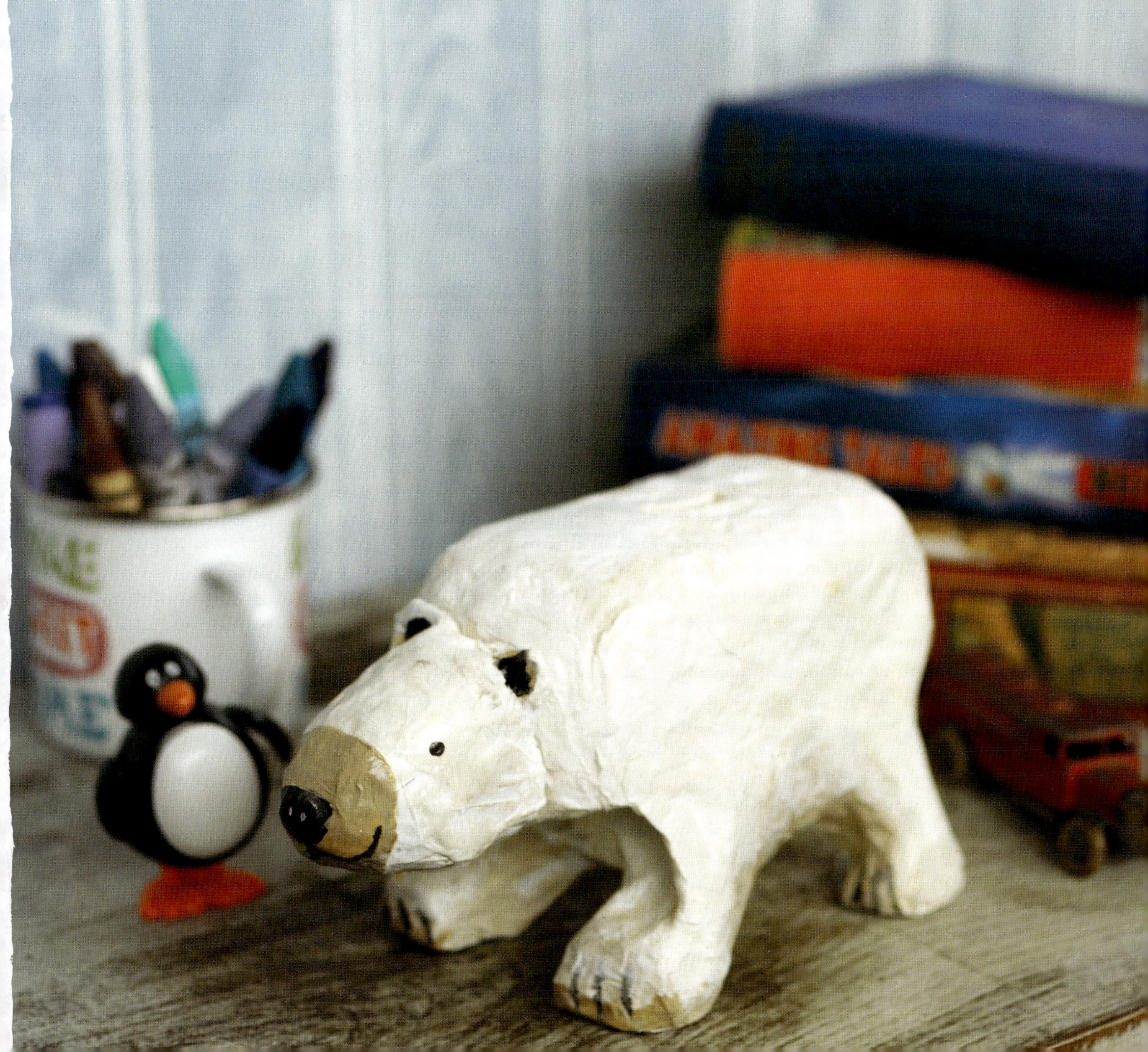

**London, New York, Melbourne, München und Delhi**

**Gestaltung und Satz** Sonia Moore,
Poppy Joslin, Ria Holland, Sadie Thomas
**Lektorat** Carrie Love, Jennifer Lane,
Katy Lennon, James Mitchem, Christine Stroyan
**Fotos** Will Heap, Andy Crawford
**Foto auf dem Raumschiff** Big Smile Photography
**Illustrationen** Bryony Fripp
**Kunsthandwerker** Lucy Barnfather,
June Hall, Ria Holland, Sonia Moore,
Chris Stewart, Rose Thunberg
**Models** Lara Duffy, Charlotte Johnson,
Scarlett Joslin, Max Moore
**Herstellung** Sarah Isle, Ché Creasey
**Creative Director** Jane Bull
**Redaktionsleitung** Mary Ling

**Fachliche Beratung** Annie Nichols

Für die deutsche Ausgabe:
**Programmleitung** Monika Schlitzer
**Redaktionsleitung** Martina Glöde
**Herstellungsleitung** Dorothee Whittaker
**Herstellungskoordination** Katharina Dürmeier
**Herstellung** Margret Hiebler

Bibliografische Information der Deutschen Bibliothek
Die Deutsche Bibliothek verzeichnet diese Publikation
in der Deutschen Nationalbibliografie; detaillierte
bibliografische Daten sind im Internet über
http://dnb.ddb.de abrufbar.

Titel der englischen Originalausgabe:
Make your own gifts

© Dorling Kindersley Limited, London, 2013
Ein Unternehmen der Penguin-Gruppe

© der deutschsprachigen Ausgabe by
Dorling Kindersley Verlag GmbH, München, 2014
Alle deutschsprachigen Rechte vorbehalten

**Übersetzung** Maria Zettner
**Redaktion** Linda Sturm
**Satz** Wolfgang Lehner

ISBN 978-3-8310-2504-6

Printed and bound in China

Besuchen Sie uns im Internet
**www.dorlingkindersley.de**

Hinweis
Die Informationen und Ratschläge in diesem Buch sind von
den Autoren und vom Verlag sorgfältig erwogen und geprüft,
dennoch kann eine Garantie nicht übernommen werden. Eine
Haftung der Autoren bzw. des Verlags und seiner Beauftragten
für Personen-, Sach- und Vermögensschäden
ist ausgeschlossen.

# Inhalt

## BASTELN MIT PAPIER

6   Stifterakete
8   Vogelkäfig
10   Blumenzauber
14   Herzkarten
16   Schmuckfee
20   Eisbär-Spardose
22   Stehkarte

## STICHE UND PERLEN

26   Filzanstecker
30   Filztasche
34   Maus in der Dose
36   Pompon-Schal
38   Perlenechse

## GEGOSSEN UND GEFORMT

44   Süße Anhänger
46   Windlichter
48   Gipsblumen

## LECKER, LECKER!

52   Kokoshappen
54   Brownie-Glas
56   Raketenkekse
58   Herzbrötchen
60   Blumentopfkuchen
62   Pop-Art-Cupcakes
64   Lebkuchen
66   Teeparty

## SCHÖN VERPACKT

70   Geschenktaschen
72   Post mit Herz
74   Papierwerkstatt

76   Vorlagen
80   Register und Stiche

# Einleitung

In diesem Buch findest du jede Menge Bastelideen für Geschenke zu Geburtstagen, Weihnachten, zum Valentinstag, Muttertag, Vatertag und für alle anderen Tage, an denen du etwas verschenken möchtest. Folge Schritt für Schritt den Fotos und Anleitungen – los geht's!

**Von mir!**
Mach auch den Geschenkanhänger selbst (S. 75). So werden deine Grüße und Wünsche ganz persönlich.

## ⚠ Vorsicht

Führe alle Projekte nur unter Aufsicht eines Erwachsenen durch. Das Warndreieck (oben) bedeutet, dass du besonders gut aufpassen musst. Denn dann hast du es mit Herdplatten oder scharfen Geräten zu tun. Lass dir helfen. Befolge immer die Packungsanweisungen, wenn du mit Farbe, Tinte und Klebstoff arbeitest.

## Grundregeln

1 Lies die Anleitung zuerst ganz durch.
2 Lege dir alles zurecht, was du brauchst.
3 Wasche dir nach dem Gebrauch von Klebstoff, Tinte oder Farbe die Hände. Lass keinen Leim auf der Haut eintrocknen.
4 Decke deine Arbeitsfläche mit einem Wachstuch oder mit Zeitung ab, wenn du Farbe, Tinte oder Klebstoff benutzt.
5 Habe immer ein Tuch zum Aufwischen griffbereit.
6 Ziehe dir eine Schürze an und binde dein Haar zurück.
7 Dein Arbeitsbereich sollte gut belüftet sein, besonders wenn du mit Farbe oder Leim arbeitest.
8 Pass besonders gut auf bei Nadel und Faden, Heftklammern und Anstecknadeln.

## In der Küche

- Lass einen Erwachsenen die Sachen in den Ofen stellen und herausnehmen und die Herdplatte bedienen.
- Wasche dir die Hände, bevor du Essen anfasst und danach. Das gilt besonders für rohe Eier.
- Achte bei allen Zutaten auf das Verfallsdatum.
- Die Rezepte sind für kleine Leckerbissen zwischendurch. Sie enthalten ziemlich viel Zucker. Iss also nicht zu viel davon! Eine Portion reicht für ein Kind oder einen Erwachsenen völlig aus.
- Wiege sorgfältig die Zutaten ab, bevor du mit einem Rezept anfängst. Benutze dazu Messlöffel, eine Waage oder einen Messbecher. Hier findest du die Maße und ihre Abkürzungen:

 **Gewichtseinheiten:**
g = Gramm
kg = Kilogramm

 **Volumeneinheiten:**
ml = Milliliter
l = Liter

**Löffelmaße:**
TL = Teelöffel
EL = Esslöffel

# Basteln mit Papier

**Irre IDEEN!**

# Stifterakete

5 ... 4 ... 3 ... 2 ... 1 ... Start!
Überrasche jemanden mit diesem
besonderen Stifthalter. In einem
zusätzlichen Geheimfach kannst
du sogar noch kleinere Sachen
für die Mission ins All
unterbringen!

Stecke bunte
Stifte hinein.

Ich fliege
zum Mond!

AUF INS ALL

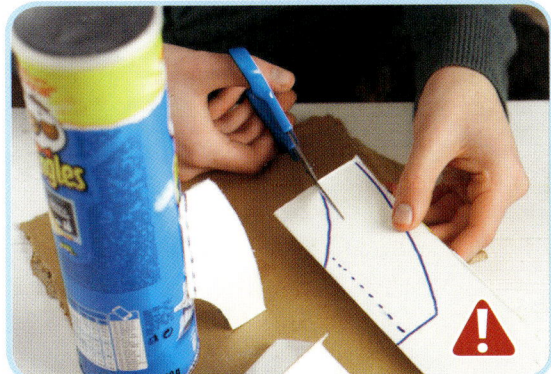

1 Zeichne auf dicke Pappe zwei Flügelformen (etwa halb so hoch wie deine Röhre), einschließlich Laschen zum Ankleben. Schneide sie aus und *klebe sie mit starkem Leim* an die Pappröhre, deine Rakete.

2 Schneide einen Pappteller vom Rand bis zur Mitte ein. Forme den Teller so zu einem Kegel, dass er auf die Röhre passt, und tackere den Kegel zusammen.

3 Klebe den Kegel mit starkem Leim auf den Plastikdeckel der Pappröhre.

4 Klebe die 3 Plastikdeckel mit der flachen Seite nach unten als Luken auf, den kleinen in der Mitte. Umwickle Röhre und Luken mit Pappmaschee (S. 21, Schritt 2).

5 Bemale deine Rakete mit Acrylfarben: *Hellblau* für den Raketenkörper, *Rot* und *Silber* für den Kegel, *Gelb* und *Rot* für die Unterseiten der Flügel.

Mach aus Musterbeutel-klammern und Schnur Türgriffe.

6 Und jetzt das Geheimfach: Lass einen Erwachsenen hinten an der Rakete eine Tür ausschneiden und dann ein genauso großes Loch unten am Pappbecher. Stecke Pappbecher und Deckel in die Röhre. Wegen des Deckels können keine Stifte in das Geheimfach fallen.

Pappteller

Schere

Müslikarton

Schönes Geschenkpapier

Klebestift und Leim

Alubehälter mit flachem Boden

Lange Nadel und dickes Garn

Musterbeutelklammer

Verknote den Faden, wenn du ihn durch den Vogel gezogen hast (Schritt 5). So verrutscht der Vogel nicht.

GUTE BESSERUNG!

8

# Vogelkäfig

Wenn ein Freund mal eine Aufmunterung braucht,
schenke ihm doch diesen hübschen Vogelkäfig.
Der fegt im Nu jede schlechte Laune weg.

**TIPP**
Mach einen ganzen
Satz Käfige und hänge
sie vors Fenster oder
in den Partyraum.

**1** Schneide den Pappteller rundherum etwas ein. Klappe die Seiten hoch, sodass sie einen Rand bilden. Bohre mit der Nadel ein Loch in die Mitte des Tellers.

**2** Klebe mit dem Klebestift Geschenkpapier auf beide Seiten des auseinandergefalteten Müslikartons. Schneide 5 lange, etwa 1 cm breite Streifen ab. Mach in die Mitte jedes Streifens mit der Nadel ein Loch.

**3** Schneide zwei 3 cm breite Streifen vom beklebten Müslikarton ab. Klebe sie mit Leim um den Rand des Tellers, sodass sie einen Kreis um den Teller bilden.

ACHTUNG: scharfe Ränder!

**4** Zeichne auf den Alubehälter einen Vogel (Vorlage S. 76). Schneide ihn aus. Male mit Kugelschreiber Augen, Flügel usw. Bohre dem Vogel ein kleines Loch in den Rücken.

**5** Ziehe Nadel und Faden durch die Löcher der aufeinandergelegten Pappstreifen. Fädele den Faden durch das Loch im Vogel und danach durch den Teller. Befestige ihn unten mit Klebeband.

**6** Schiebe eine Musterbeutel- klammer durch die Löcher in den Streifen. Sie fächern sich dann stern- förmig auf. Klebe die Enden der Streifen mit Leim innen in den Tellerrand.

Die Kunst des Papier-
faltens in 3-D-Optik
heißt Origami.
Diese Technik
stammt aus Japan.

Auf Japanisch
heißen diese
Papierblumen
*kusudama*.

Gib deinen Blumen
mit einem Glitzer-
stift noch mehr
Glanz.

# Blumenzauber

Diese hübschen bunten Blumen bringen Farbe in jeden Raum, ob Schlafzimmer oder Küche. Und sie sind ganz einfach zu machen! Nach dem ersten Blütenblatt wird alles nur noch wiederholt, bis die Blume fertig ist.

**1** Schneide aus Papier ein Quadrat aus und falte es zu einem Dreieck. Das geht am einfachsten, wenn du eine Ecke bis ganz hinüber zur anderen Seite faltest und den überstehenden Rand abschneidest.

**2** Falte die linke Spitze des Dreiecks bis zur oberen Spitze hoch.

## Du brauchst

Buntes Papier, einfarbig oder gemustert

Leim     Schere

**3** Mach es mit der rechten Spitze genauso. So entsteht ein in der Mitte offenes Quadrat.

**4** Klappe die rechte obere Spitze zurück, sodass der innere Rand mit der Außenkante des Quadrats abschließt.

Jetzt das Gleiche mit der linken Spitze. Der nächste Schritt ist auf S. 12 beschrieben.

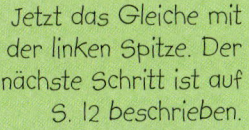

**5** Hebe jetzt die Klappe links an. Stecke den Finger hinein, damit sie kegelförmig wird. Streiche die Klappe flach, wie oben gezeigt. Jetzt sieht sie aus wie ein Drachen. Mach alles genauso mit der rechten Klappe.

**6** Falte das obere Dreieck an jeder Seite um, sodass es mit dem langen Rand abschließt.

Bravo! Du hast das erste Blütenblatt geschafft.

**7** Schlage jedes lange Dreieck zur Hälfte um, entlang der Falte von vorhin, bis du wieder ein Quadrat hast.

**8** Biege die Seiten der Dreiecke vorsichtig aufeinander zu. So entsteht das volle Blütenblatt.

# Blumenhaarband

Mit kleineren Quadraten kannst du auf die gleiche Art kleinere Blumen basteln. Klebe sie mit starkem Leim auf ein Haarband oder einen Button.

Mach Blütenblätter aus deinem eigenen hand-bedruckten Papier (S. 74–75).

Stimme die Blüten farblich auf dein Haarband ab.

**9** Klebe die beiden Seiten zusammen und halte sie fest, bis der Leim getrocknet ist. Wiederhole die Schritte 1–8, bis du 5 Blütenblätter hast.

Fünf Blüten-blätter ergeben zusammen eine Blüte.

**10** Füge die Blütenblätter eins nach dem anderen entlang der Naht zu deiner Blume zusammen. Lass jeweils den Leim erst trocknen, bevor du das nächste Blatt anfügst.

Schneide die Spitzen ab und stecke in jede Blume einen Zweig.

# Herzkarten

Zum Valentinstag bekommt jeder gern eine Karte.
Überrasche deine Lieben doch mal mit deinen eigenen
Kreationen. Mit Streifen aus buntem Papier kannst
du ganz einfach eine Herzkarte in 3-D basteln.

Schneide die bunten Streifen auf die
richtige Länge. Pro Karte brauchst
du zwei von jeder Farbe.

## Du brauchst

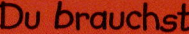

Weiße Pappe in DIN A4

Schere

Weißleim

Rotes Papier
in 1 x 14 cm
Streifen

Oranges Papier
in 1 x 16 cm
Streifen

Gelbes Papier
in 1 x 18 cm
Streifen

Grünes Papier
in 1 x 20½ cm
Streifen

Blaues Papier
in 1 x 23 cm
Streifen

Lila Papier
in 1 x 25 cm
Streifen

Schneide
für ein anderes
Muster 8 Herzen
aus verschiedenfarbigem
Papier aus, jedes größer
als das vorherige. Falte sie
in der Mitte und klebe sie
mit Weißleim ineinander.

**2** Biege die Streifen zu Schlaufen, angefangen mit dem kürzesten. Klebe die Schlaufen ineinander. So entsteht ein halbes Herz.

**3** Mach das Gleiche für die andere Hälfte und klebe die Hälften mit Weißleim zusammen.

**4** Klebe das Herz in die Mitte einer etwa 18 x 18 cm großen Pappe. Getrockneter Weißleim ist klar, es macht also nichts, wenn er tropft.

Drehe die Streifen
um einen Holzspieß,
um der Fee Locken
zu machen.

Vergiss die Hände
nicht. Mach dazu
eine Schlinge in
den Pfeifenreiniger
und lass etwas für
den Daumen übrig.

Du kannst in
die Hand einen
Zauberstab
stecken.

# Schmuckfee

Diese hübsche Bastelarbeit ist bezaubernd! Du kannst Schmuckfeen für den Weihnachtsbaum oder nur so zum Spaß machen, denn ein bisschen Magie kann man zu jeder Jahreszeit gebrauchen.

### Du brauchst

Bunte Pappe
DIN A4

2 Blatt
Geschenkpapier

Buntpapier
DIN A4

Geschenk-
band

Starker    Perlen
Leim

Holzspieß

Tacker

Bunte        Schwarzer   Große
Pfeifen-     Filzstift    Papier-
reiniger                  schere

**1** Wickle eine DIN-A4-Pappe zu einem Kegel zusammen und *klebe* den Rand mit starkem Leim an. Tackere ihn zur Sicherheit auch fest.

**2** Schneide die Spitze des Kegels so weit ab, wie der Körper der Fee lang sein soll. Vergiss nicht, dass sie auch noch Beine bekommt.

**3** Biege für die Beine der Fee ein Ende eines Pfeifenreinigers als Fuß um. Fädele Perlen auf und biege dann das andere Ende zum zweiten Fuß um. Biege den Pfeifenreiniger in der Mitte um und *klebe* die Mitte hinten in den Körper.

**4** Stich einen Holzspieß durch den Pappkegel. Halte dabei den Spieß von deinem Körper weg. Fädele einen Pfeifenreiniger für die Arme hindurch.

Drehe die Blätter unten ein.

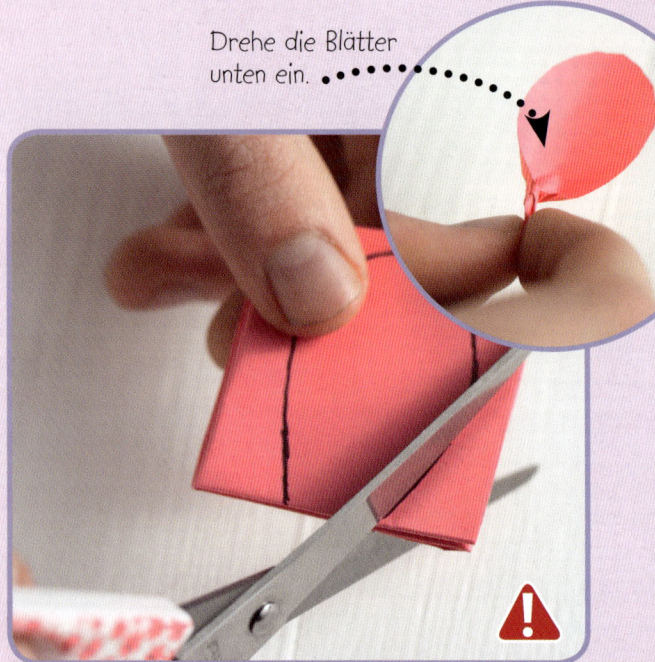

**5** Schneide Quadrate aus DIN-A4-Papier und staple je 2 oder 3 übereinander. Male auf das oberste in jedem Stapel ein Blütenblatt und schneide die Blätter mit einer scharfen Schere aus.

**6** Klebe die Blütenblätter in zwei Lagen rundherum auf den Körper. Sie bilden den Rock deiner Fee.

Kringele die Enden der Strähnen um einen Holzspieß.

**7** Mach aus Geschenkpapier die oberste Lage des Rocks. Lass dir von einem Erwachsenen die Bögen ausschneiden und klebe das Ganze dann über die Blütenblätter. Du kannst der Fee auch noch aus Geschenkband einen Gürtel machen.

**8** Falte ein Blatt Buntpapier in 4 Spalten. Schneide am Ende ein etwa 6 cm großes Quadrat ab. Schneide davon auf jeder Seite ein rechteckiges Stück ab und schneide den Rest etwa 8-mal ein. So entstehen die Haarsträhnen deiner Fee.

**9** Schneide für das Gesicht einen Kreis aus rosa Papier. Zwei kleine Kreise aus etwas dunklerem Papier geben der Fee rosige Wangen. Male mit schwarzem Stift Nase, Augen und Mund auf. Klebe das Gesicht der Fee auf ihren Kopf.

**10** Schlage die Spitze des Kopfs um, mach ein Loch und fädele Schnur durch, damit du die Fee aufhängen kannst. Klebe die Haare um das Gesicht. Klebe am Ende noch Krone und Ärmel an. Jetzt ist die Fee fertig angezogen.

# Weihnachtsmann

Auf die gleiche Weise kannst du einen Weihnachtsmann basteln. Der braucht dann nur noch Hut, Bart und einen Sack!

Gib dem Weihnachtsmann ein eckiges Gesicht und schneide es unten ein paarmal ein für den Bart und hinten für die Haare.

Schlage für den Hut die Kegelspitze um und klebe ans Ende einen Pompon.

Mit Glitzerflügeln sieht die Fee festlich aus.

# Eisbär-Spardose

Dieses Geschenk bringt jedes Herz zum Schmelzen. Der Beschenkte wird den Eisbären aus Pappmaschee lieben. Und diese Spardose musst du auch nicht erst zertrümmern, wenn du an dein Geld willst – dank des aufschraubbaren Eisbärkopfs!

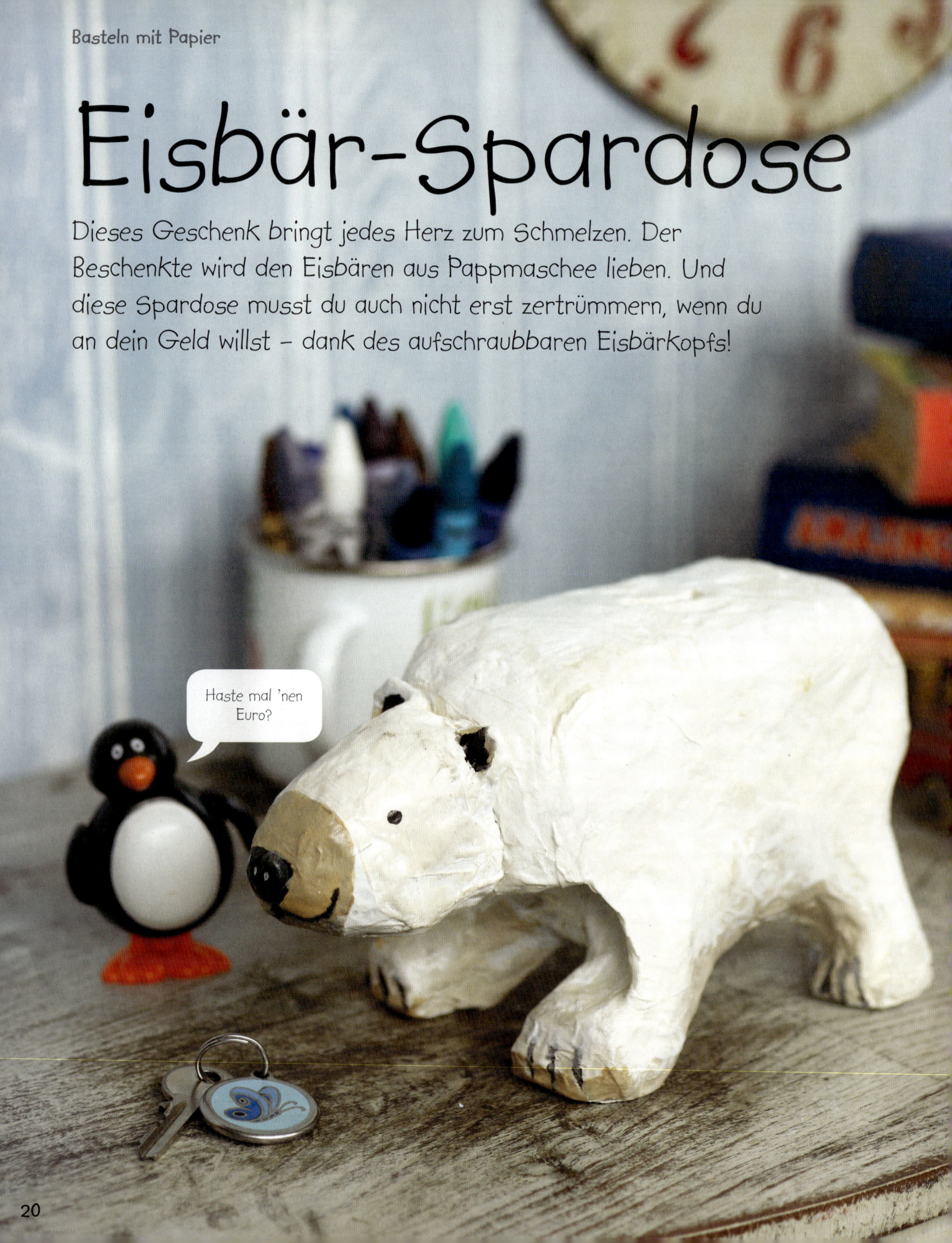

Haste mal 'nen Euro?

Ein Erwachsener soll einen Schlitz für das Geld einschneiden. Er muss groß genug sein für alle Münzen.

1 Schneide aus dem Eierkarton die 4 Beine des Bären. Klebe sie mit starkem Kleber an die zugeschraubte Plastikflasche. Klebe ein Eierfach auf den Flaschendeckel. Drehe den Deckel/Kopf ab.

2 Klebe mit Weißleim Zeitungsschnipsel auf den gesamten Körper des Bären. Tauche zerknülltes Zeitungspapier in Leim und polstere damit Po, Beine und Nase aus. Das nennt man Pappmaschee.

3 Mach deinem Bären aus dem Eierkarton Ohren und klebe sie ihm oben auf den Kopf. Bilde mit vielen kleinen Zeitungsbällen und Weißleim die Schnauze aus. Dazu brauchst du Zeit und Geduld.

Füge Körper und Kopf erst zusammen, wenn das Pappmaschee trocken ist.

4 Stabilisiere den Bären mit ein paar Lagen Pappmaschee. Lass jede Lage einzeln trocknen. Das dauert normalerweise ein paar Stunden. Am besten lässt du den Bären über Nacht stehen.

5 Wenn das Pappmaschee trocken ist, kannst du deinen Eisbären mit Acrylfarbe zum Leben erwecken.

6 Nimm schwarze Farbe für ein freundliches Gesicht, Braun passt für die Nase.

## Du brauchst

Eierkarton

Schere

Starker Kleber

Weißleim

Plastikflasche mit großer Öffnung

Zeitung

Pinsel

Schwarze, weiße und braune Acrylfarbe

Drehe die Flasche auf und du hast deine Münzen!

# Stehkarte

Gratuliere mal ganz anders zum Geburtstag mit einer 3-D-Karte, die stehen kann. Dazu musst du nur ein bisschen schneiden, kleben und deine Fantasie walten lassen!

## Du brauchst

Schere

Müslikarton

Klebestift

Buntstifte

Geschenkpapier für eine Collage

⚠ Bemale und dekoriere die Vorlage, wie es dir gefällt. Schneide dann die Stücke aus und stecke sie so zusammen.

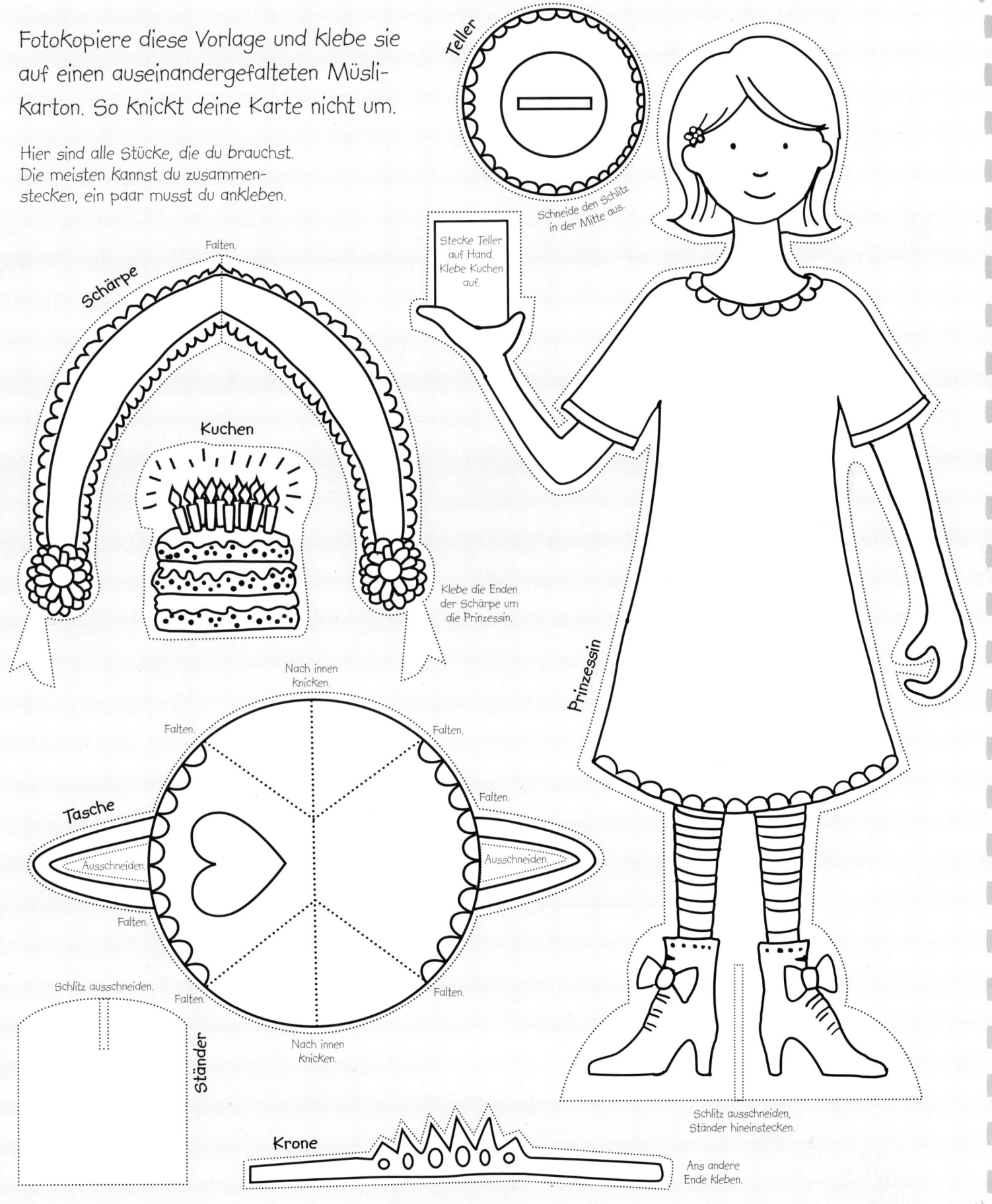

Fotokopiere diese Vorlage und klebe sie auf einen auseinandergefalteten Müslikarton. So knickt deine Karte nicht um.

Hier sind alle Stücke, die du brauchst. Die meisten kannst du zusammenstecken, ein paar musst du ankleben.

Teller

Schneide den Schlitz in der Mitte aus.

Stecke Teller auf Hand. Klebe Kuchen auf.

Schärpe

Falten.

Kuchen

Klebe die Enden der Schärpe um die Prinzessin.

Prinzessin

Tasche

Nach innen Knicken.

Falten.

Falten.

Falten.

Ausschneiden.

Ausschneiden.

Falten.

Falten.

Falten.

Nach innen Knicken.

Schlitz ausschneiden.

Ständer

Krone

Schlitz ausschneiden, Ständer hineinstecken.

Ans andere Ende Kleben.

23

# Stiche und Perlen

COOLE
Sachen!

# Filz-anstecker

Bastle dir einen süßen Hundeanstecker für deine Jacke, Tasche oder Mütze. Hast du erst mal raus, wie es geht, kannst du auch noch Sheriffsterne, Monster, Blumenbroschen und mehr gestalten (S. 28–29).

**1** Fotokopiere oder pause die Filzformen (S. 79) auf Papier und schneide sie aus. Hefte das Papier auf den Filz und schneide die Formen mit einer scharfen Schere nach.

**2** Nähe eine schwarze Perle als Auge auf eine Seite.

**3** Umrande die Schleife mit Saumstich (S. 80) und nähe sie dann auf den Hund.

Lass beim Nähen Faden zum Aufnähen übrig.

**4** Umrande den Hund mit Saumstich. Lass auf dem Rücken eine Lücke. Nimm am Kinn Vorstich (S. 80). Stopfe mit einem Stift Kopf, Beine und Körper mit der Polyesterfüllung aus.

**5** Nähe den Rücken noch mit Saumstich zu. Stich am Ende zweimal ins *selbe* Loch und mach einen langen Stich hinten in den Anstecker. Ziehe fest an und schneide das Ende ab. Es verschwindet im Rücken des Hunds.

**6** Nähe die Broschennadel hinten auf den Anstecker.

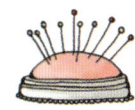

Coole Mütze!

# Filzblumen

Überrasche jemanden mit diesen fröhlichen Blumenansteckern.

**1** Fotokopiere oder pause die Formen (S. 79) auf Papier. Lege 2 Lagen Filz aufeinander. Stecke die Papierformen auf den Filz und schneide sie vorsichtig nach.

**2** Lege die 2 großen lila Blumen aufeinander und umrande sie mit Vorstich (S. 80). Nähe die 2 kleineren lila Blumenformen so zusammen, dass sich die Blüten überlappen. Nähe die 2 orangefarbenen Kreise zusammen. Stopfe ein klein wenig Füllung hinein, bevor du ganz zunähst. Nähe die 3 Teile der Blume zusammen.

**3** Lege für die blaue Blume die 2 Stücke blauen Filz aufeinander und umrande sie mit Vorstich. Nähe die rote Mitte auf, nachdem du etwas Füllmasse hineingestopft hast. Nähe an jeden Anstecker hinten eine Anstecknadel.

# Sheriffstern

Halte mit diesem coolen Sheriffstern Recht und Ordnung aufrecht.

**1** Fotokopiere oder pause die Formen (S. 79) auf Papier. Lege 2 Lagen Filz aufeinander. Stecke die Papierformen auf den Filz und schneide sie vorsichtig nach.

**2** Nähe den kleinen orangefarbenen Stern auf den gelben Kreis. Füge an jeder Zacke des Sterns und in der Mitte eine Perle an. Nähe den Kreis mit Saumstich (S. 80) vorn auf den großen Stern.

**3** Befestige eine Anstecknadel an dem Anstecker. Nähe die 2 großen Sterne mit Saumstich zusammen. Nähe dabei Perlen auf die Zacken des Sterns.

# Nettes Monster

Dieser Anstecker für die Jacke ist ein toller Kumpel.

**1** Fotokopiere oder pause die Formen (S. 79) auf Papier. Lege 2 Lagen Filz aufeinander. Stecke die Papierformen auf den Filz und schneide sie vorsichtig nach. Nähe dem Monster die Flecken auf den Bauch und die Arme. Gib ihm mit 2 kleinen Stichen eine Nase.

**2** Füge mit Saumstich (S. 80) zuerst die Arme, dann die Füße zusammen. Deute mit Steppstich (S. 80) Zehen an. Nähe die Perlen auf die weißen Augäpfel und hefte dann mit Saumstich die Augen auf den Kopf. Nähe mit Saumstich das Gesicht auf den Körper.

**3** Nähe mit Saumstich Vorder- und Rückenteil zusammen und füge dabei Kopf, Arme und Füße ein. Stopfe, bevor du zum Ende kommst, den Körper aus. Hefte hinten eine Anstecknadel an.

# Süßer Welpe

Diesen niedlichen Anstecker kannst du an Kragen oder Rucksack heften.

**1** Fotokopiere oder pause die Formen (S. 79) ab. Lege 2 Lagen Filz aufeinander. Stecke die Papierformen auf den Filz und schneide sie vorsichtig nach.

**2** Schneide die Ohren aus – je 1 Stück für vorn, hinten und aus rosa Filz die Mitte. Sticke die Augen auf die Klappen und nähe dem Hund dann mit Saumstich (S. 80) die Klappen und die Nase aufs Gesicht. Nähe die Anstecknadel hinten an den Kopf.

**3** Nähe die Ohren mit Saumstich oben an den Kopf und auf die gleiche Weise Vorder- und Rückteil des Kopfs zusammen. Stopfe den Kopf zwischen den Ohren aus und schließe die Lücke mit Vorstich (S. 80).

Wau, wau!

# Filztasche

Das ideale Geschenk! Da wird jeder neidisch und du kriegst schnell Aufträge für mehr. Lass dir von einem Erwachsenen helfen, denn es sind viele Schritte nötig.

## Du brauchst

Pauspapier

Stift

Filzquadrate 30 x 30 cm

Stecknadeln

Schere

Nadel     Buntes Garn

30-cm-Lineal

Schwarze Perlen

Band     Druck-Knopf

**1** Pause die Vorlagen auf S. 76–77 ab. Stecke das Papier auf den Filz und schneide den Fuchs (braun und weiß) und die Taschenform (grün) aus. Die Tasche füllt die ganzen 30 cm des Quadrats aus.

Achte bei der Tasche auf die Falte, wenn du ausschneidest.

**2** Falte das grüne Stück nach der Vorlage zur Tasche und lege Körper und Schwanz des Fuchses auf den unteren Teil der Tasche. Der braune Teil wird über den Filz der weißen Schwanzspitze gelegt. Hefte alles fest. Falte die Tasche auseinander. Nähe die Teile mit Vorstich (S. 80) auf. Nimm die Stecknadeln weg.

Nähe mit Vorstich eine Bogenlinie auf den braunen Filz. Das gibt dem Schwanz die Form.

**3** Drehe die Tasche auf links und hefte sie an den Seiten zusammen. Ziehe mit Lineal und Stift eine Linie an den 11 cm langen Rändern entlang. Füge an dieser Linie die Ränder mit Saumstich (S. 80) zusammen.

Drehe die Tasche wieder richtig herum.

**4** Nähe mit Vorstich die kleinen weißen Teile auf die Ohren des Fuchses. Nähe die braunen Teile der Ohren an. Hefte und dann nähe die braune Gesichtsform in die Mitte der weißen Gesichtsform.

Lass die Ohren über dem Kopf herausragen und lass unten etwas Platz für die Nasenperle. Nähe mit schwarzem Garn die Perlen für Augen und Nase an.

**5** Falte die Tasche noch einmal nach der Vorlage. Hefte den Kopf in die Mitte der Klappe. Oben schließt der Kopf mit der Falte ab. Nähe oben quer über den Kopf, aber lass die Ohren herausschauen.

Nähe mit hellem Garn das weiße Gesicht auf die Klappe.

**6** Drehe die Tasche um. Schneide 170 cm Schleifenband ab (weniger, falls ein Kind diese Tasche bekommt). Schlage an den Enden 1 cm ein und hefte sie hinten oben auf die Tasche. So riffelt das Band nicht aus.

Nähe das Band mit Vorstich fest. Verdrehe das Band dabei auf keinen Fall.

**7** Falte das weiße Futter nach der Vorlage. Umrande mit Saumstich die Seiten, aber lass die Klappe oben frei. Stecke es in die grüne Tasche und hefte es fest. Verbinde die innere (weiße) mit der äußeren (grünen) Tasche, indem du um den Rand der Klappe nähst.

Nähe einen Teil des Druckknopfs auf den weißen Filz und den anderen vorn auf den Hals des Fuchses.

**ACHTUNG:** Nähe den Druckknopf nur auf den weißen Filz. Ist das zu schwierig, bringe den Knopf an, bevor du die weiße Tasche auf die grüne Klappe nähst!

**8** In die fertige Tasche kannst du Handy, Schlüssel oder Portemonnaie stecken.

Du kannst auch aus dickerem Filz eine Tasche machen (wie die hier). Dann musst du sie nicht ausfüttern. Verziere sie mit kleinen Pompons (nächste Seite).

# Mini-Pompons

Dafür brauchst du nur ein Wollknäuel und eine Gabel. So kannst du viele Sachen im Buch verzieren.

I Binde ein Ende der Wolle an die mittlere Gabelzinke und halte sie mit einer Hand fest. Wickle die Wolle schichtweise um die Gabel.

2 Binde ein Stück Wolle (15 cm) ganz fest um die Mitte der aufgewickelten Wolle.

Schneide die Wolle ab.

3 Schneide die Wolle links und rechts von der Gabel ab. Nimm sie jetzt von der Gabel herunter. Da ist dein Mini-Pompon!

*Entwirf deine eigene Tasche, z. B. mit Vogel oder Katze.*

# Maus in der Dose

Diese goldige Maus ist ein bisschen knifflig. Lass dir also von einem Erwachsenen helfen. Sie ist ein Geschenk für jedes Alter. Aber du wirst es kaum übers Herz bringen, sie wegzugeben.

*Siehe da – schon ist sie eingeschlafen.*

Eine Pfefferminzdose ist das perfekte Bett. Mach aus Filz einen Schlafsack.

Nähe ihr doch ein Filz-Häschen!

**1** Fotokopiere, pause oder male Formen und schneide sie aus Filz aus (Vorlagen S. 78). Du brauchst: Körper 2x, graue Ohren 2x, rosa Ohren 2x, Füße 2x, Schwanz 1x, Arme 4x.

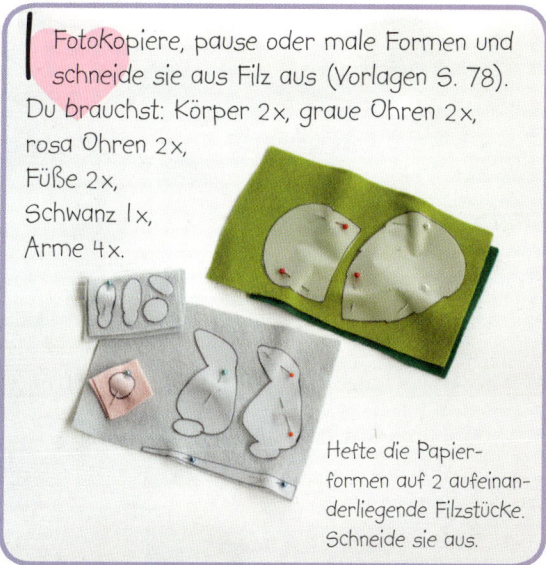

Hefte die Papierformen auf 2 aufeinanderliegende Filzstücke. Schneide sie aus.

**2** Nähe mit Vorstich (S. 80) zuerst die Ohrenstücke zusammen: ein rosa Stück auf ein graues.

Falte in der Mitte (Rosa innen). Mit einem Stich unten entsteht die Ohrform.

**3** Nähe von oben bis zu den Pfötchen die Arme zusammen. Stopfe sie mit wenig Füllmasse aus.

Lass am Ende noch Faden übrig für die Befestigung am Körper.

Falte den Schwanz der Länge nach und nähe ihn zusammen.

**4** Nähe auf eine Seite die schwarze Augenperle. Sticke (oder male) auf das andere Vorderstück der Maus ein schlafendes Auge.

Nähe (möglichst mit verdeckten Stichen) die Arme an den Körper.

Nähe unten die Füße an.

**5** Nähe die Ohren mit doppelten Stichen von innen an den Körper. Nähe um den Körper herum und füge dabei auch den Schwanz mit ein.

Füge mit einem Stich die Ohren zusammen.

Füge die Nasenperle an.

Stopfe noch den Körper aus.

**6** Schneide 2 dunkle und 2 helle Blattformen aus, einmal halb und einmal ganz. Nähe mit Saumstich (S. 80) die halben Blattformen oben zusammen. Deute mit Vorstich die Adern an.

**7** Hefte die dunklen Seiten der Blätter zusammen und umrande sie mit Saumstich. So entsteht der Schlafsack der Maus. Lege ihn in die Dose.

**Du brauchst**

Pauspapier

Nadel    Stecknadeln

Stift

Papierschere

Stoffschere

Bunte Filzstücke

Stickgarn

Rosa und schwarze Perle

Polyesterfüllung

Bleistift

Dose

# Pompon-Schal

Dieser hübsche Schal ist leicht herzustellen. Du musst nur Geduld haben, denn du brauchst dafür 16 Pompons! Er ist wunderbar warm – das perfekte Weihnachtsgeschenk.

**TIPP**
Der warme Schal eignet sich bestens als Geschenk für Mamis, Omis und Tanten.

**1** Zeichne mit dem Zirkel einen Kreis von 6 cm Durchmesser auf Pappe und darin einen Kreis von 2 cm Durchmesser. Schneide den großen Kreis aus und dann ein, damit du den kleineren Kreis ausschneiden kannst.

Für jeden Pompon brauchst du 2 Ringe, also 32 insgesamt. Nimm den ersten als Schablone.

**2** Fädele 1 m lange Wollfäden in 3 Farben in eine Stopfnadel. Lege die Pappkreise aufeinander (die Schlitze an verschiedenen Stellen). Wickle die Fäden immer wieder um den Kreisrand.

Wickle so gleichmäßig und eng wie möglich.

Ziehe die Fäden immer fest an.

**Du brauchst**

Zirkel

Pappe (z.B. Müslikarton)

Schere

Jede Menge Wollreste

Stopfnadel mit großem Öhr

2,5 m starkes Garn oder Schnur

**3** Wenn die Fäden zu Ende gehen, fädele einfach neue ein und mach weiter. Hör auf, wenn der Kreis innen zu ist und du nicht mehr mit der Nadel durchkommst. Die Wolle soll außen gleichmäßig und stramm sitzen.

**4** Schneide vom Rand des Wollkreises bis zum Papprand. Gehe mit der Schere zwischen die beiden Pappen und schneide rundherum die Wolle durch.

**5** Wickle einen Wollfaden zwischen den Pappen zweimal um die Mitte des Pompons und ziehe fest an. Ziehe die Pappen vorsichtig von der Wolle ab. Fertig ist der Pompon!

Stutze zu lange Wollfäden zurecht.

Wiederhole 1–5, bis du 16 Pompons hast.

**6** Stich durch den Kern des ersten Pompons, ziehe das starke Garn bis zur Hälfte durch und verknote die beiden Enden. Ziehe das eine Fadenende durch den nächsten Pompon und verknote es wieder mit dem anderen Ende. Mach so weiter.

**7** Wenn du alle Pompons zusammengefügt hast, verknote die Fadenenden noch zwischen dem letzten und vorletzten Pompon und schneide die überstehenden Fäden ab.

Hänge den Schlüssel-
ring an eine Öse
deiner Tasche, dann
ist die Perlenechse
überall mit dabei.

# Perlenechse

Diese coolen Echsen geben tolle Geschenke für Papas, Onkel oder Brüder ab. Du kannst sie an Schlüsseln, Gürteln, Rucksäcken und sogar an Vorhängen befestigen.

**TIPP**
Mach den Ring mit Klebeband am Tisch fest, dann hast du die Hände frei.

**1** Schiebe die Schnur mit der Mitte durch den Schlüsselring. Fädele beide Enden durch die Schlinge und ziehe fest an.

Die beiden Enden überkreuzen sich in der Perle. Achte immer darauf und ziehe die Schnur fest an.

**2** Fädele die Enden der Schnur durch eine grüne Perle, ein Ende von links und eins von rechts.

**3** Ziehe fest an der Schnur. So entsteht die Nasenspitze. Fädele jetzt 2 grüne Perlen gleichzeitig auf. Dann eine Reihe aus 3: Gelb, Grün, Gelb. Die gelben Perlen bilden die Augen.

**4** Füge eine Reihe aus 3 grünen Perlen an, dann eine aus 2. Fädele 3 grüne und 3 blaue Perlen auf die Schnur und schlängele sie zurück durch die grünen Perlen für das Vorderbein.

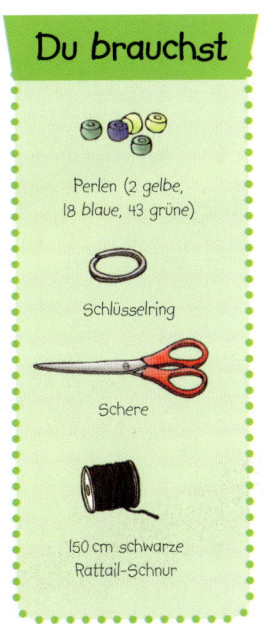

## Du brauchst

Perlen (2 gelbe, 18 blaue, 43 grüne)

Schlüsselring

Schere

150 cm schwarze Rattail-Schnur

Kreuze die Enden
der Schnur vor
dem nächsten
Schritt.

5 Mach es genauso mit dem anderen Schnurende für das
zweite Vorderbein und ziehe dann alles fest. Du musst
die Perlen etwas zurückrücken, damit die Vorderbeine
gerade werden.

6 Mach jetzt den Körper. Wende wieder die Überkreuz-
Methode von S. 39 an: 3 Reihen aus: 2x Grün, dann
Grün, Blau, Grün, dann Grün, 2x Blau, Grün.

ACHTUNG: Ziehe jede Reihe fest.

7 Ziehe alles fest, dann füge noch eine Reihe
hinzu aus Grün, 2x Blau, Grün und dann eine
aus Grün, Blau, Grün und eine aus 2x Grün.

Ta-da!
Deine
Echse hat
schon Kopf,
Körper und
Beine.

8 Mach es mit den
2 Hinterbeinen wie in
Schritt 4 und 5.

# Echsenfamilie

## Mach mit verschiedenfarbigen Perlen unterschiedliche Echsen.

Gib deiner Echse Geschwister aus dreierlei Perlen: eine Farbe für die Augen, eine für Füße und Rücken und eine für Körper, Beine und Schwanz.

Ein kunterbuntes Streifenexemplar wäre auch cool!

**9** Überkreuze die Schnur. Fädele nacheinander 8 grüne Perlen für den Schwanz auf die verbleibende Schnur. Überkreuze in jeder Perle die Schnur. Ziehe sie fest an.

Schwanz aus einzelnen Perlen

**10** Mach am Ende einen Doppelknoten, damit alles zusammenbleibt, und schneide den Rest mit der Schere ab.

Gegossen und geformt

ECHT hübsch!

## Du brauchst

265 g Natron

200 ml Wasser

65 g Maismehl

Großer Stieltopf

Holzlöffel

Große Schüssel

Feuchtes Geschirrtuch

Teigrolle

Ausstechformen

2 Backbleche

Backpapier

Holzspieße

Dinge zum Eindrücken

Ofenhandschuhe

Kuchengitter

Weißleim

Acrylfarben

Pinsel

Band

# Süße Anhänger

Diese Anhänger kannst du einzeln verschenken oder als Set. Je nachdem, wie du sie eindrückst oder bemalst, kannst du ganz eigene Kreationen schaffen. Trage sie um den Hals oder hänge sie als Dekoration auf.

Wenn der Teig aussieht wie Kartoffelbrei, nimm ihn vom Herd.

**1** Vermische Wasser, Natron und Maismehl in einem großen Stieltopf und stelle diesen Teig auf mittlere Hitze. Rühre ein paar Minuten lang ständig um. Er wird bald dicker.

**2** Gib den Teigball in eine große Schüssel und lege ein feuchtes Geschirrtuch darüber, bis die Mischung ganz abgekühlt ist.

Rolle den Teig 1 cm dick aus.

Klebt der Teig, gib noch Mehl hinzu.

**3** Knete den Teig auf einer glatten, mit Maismehl bestäubten Fläche. Knete ihn richtig gut durch, damit er nicht bricht. Rolle den Teig aus. Stich verschiedene Formen aus.

**4** Lass einen Erwachsenen den Ofen auf 110 °C (Gas 4) vorheizen. Lege die Formen auf 2 mit Backpapier ausgelegte Bleche. Bohre mit einem Spieß in jede Form oben ein Loch.

Nimm zum Eindrücken verschiedene Dinge.

Mach einen Doppelknoten in das Band, damit es hält.

**5** Drücke mit Ringen o.Ä. in jedes Stück Vertiefungen. Backe sie 1 Stunde lang. Sind die Stücke ganz ausgekühlt, bestreiche sie dünn mit Weißleim oder klarem Nagellack.

Versuche es mal mit einem kleinen Herzen im großen.

**6** Wenn der Leim trocken ist, kannst du die Stücke noch bemalen und verzieren. Hänge sie nach dem Trocknen der Farbe an ein Band.

Trage nach dem Bemalen noch Glitzernagellack auf.

**AUFGEPASST!** Auch wenn diese Anhänger aus Lebensmitteln gemacht sind, kann man sie nicht essen.

# Windlichter

Diese hübschen Windlichter kannst du zu einem Geburtstags- oder Krankenbesuch mitnehmen. Oder ihr bastelt sie auf einer Party zum Mit-nach-Hause-Nehmen.

**TIPP**
Hast du keine Zeit, um Anhänger für die Gläser zu machen, binde einfach bunte Bänder darum.

## Du brauchst

Seidenpapier

Lochstanzer

Klarlack

Pinsel

Marmeladenglas

Verschiedene Perlen

Starker Draht

Schere

Hübsche Anhänger
(S. 44–45)

Teelicht

1 Schneide zuerst Blumen aus Seidenpapier aus. Das geht am schnellsten mit einem Lochstanzer. Nimm verschiedene Farben.

2 Befestige die Blumen mit Klarlack auf dem Glas. Streiche zuerst Lack über das Glas und nimm dann die zarten Seidenblüten mit dem feuchten Pinsel auf.

3 Fädele Perlen auf ein Stück Draht. Sie müssen für den Umfang des Glases reichen. Lege den Draht oben um das Glas und drehe die Enden zusammen.

4 Schmücke dein Glas mit einem hübschen Anhänger (S. 44–45). Fädele den Anhänger und noch ein paar Perlen auf Draht und befestige alles an den Perlen um das Glas.

5 Mach einen Griff, indem du ein Stück Draht an dem Draht um das Glas befestigst. Wie lang der Griff wird, kannst du selbst entscheiden.

6 Stelle ein Teelicht in das Glas. Lass einen Erwachsenen die Kerze anzünden und dann in das Glas stellen (wenn es auf der Seite liegt). Rücke das Teelicht mit einem Stift auf dem Glasboden zurecht.

**AUFGEPASST!**
Der Verbandgips darf nicht auf deine Haut kommen, also ziehe Handschuhe an. Wenn das doch passiert, wasche ihn gleich ab. Wenn dir etwas davon ins Auge gerät, spüle es sofort aus.

**TIPP**
Stelle deine Blumen in eine Vase. Mit einem bunten Band wird alles noch lebendiger.

# Gipsblumen

Dieser Gipsblumenstrauß ist das perfekte Geschenk für deine Mutter, Oma oder beste Freundin. Er sieht sehr elegant aus und man hat das ganze Jahr über den Frühling im Haus.

### Du brauchst

Künstliche Blumen

Starker Kleber

Starker grüner Draht in 20-cm-Stücken

Schutzbrille

Große Gummihandschuhe

Großer Plastikbecher

Plastiklöffel

8 EL Verbandgips (Lies sorgfältig die Packungsbeilage)

120 ml Wasser

Pinsel

1 Entferne die Köpfe von den Blumen und ersetze die Stiele durch Draht. Klebe den Draht fest an.

Jede Blume muss ganz bedeckt sein.

2 Lass einen Erwachsenen den Gips zu einem zähen Brei anrühren. Dann soll er die Blumen einzeln in den Gips tauchen. Dabei sollten Schutzbrille und Handschuhe getragen werden.

3 Bitte einen Erwachsenen, alle offenen Stellen an der Blume mit Gips zu bepinseln. Dabei sollten Schutzbrille und Handschuhe getragen werden.

4 Biege die Drahtenden um und hänge die Blumen mindestens 1 Stunde lang zum Trocknen auf. Wenn sie trocken sind, kannst du deinen Strauß binden.

Lecker, lecker!

Köstliche GABEN!

# Kokoshappen

Es macht Spaß, diese Leckerbissen zu machen – und zu essen! Sie bleiben lange frisch, also kannst du sie schon vor einer Party zubereiten und den Gästen dann als Abschiedsgeschenk mitgeben.

**TIPP**
Du musst sie nicht in Zellophan packen. Versuche es ruhig auch mal mit anderen Hüllen.

**EINGEWICKELT**

Diese Kokoshappen sind extrem süß, deshalb solltest du jeweils nur ein kleines Stück essen.

**1** Fette mit dem Backpinsel und Olivenöl eine kleine, aber tiefe Backform aus und lege haftfreies Backpapier hinein. Die Form muss nicht unbedingt quadratisch sein.

**2** Mische in einer Rührschüssel die Kokosraspel, Puderzucker und Kondensmilch. Das kannst du mit den Händen machen. Teile die Mischung in zwei Hälften.

**3** Gib eine Hälfte in die Backform. Streiche alles mit den Fingern glatt.

**4** Teile die andere Hälfte in 4 Portionen. Gib ein paar Tropfen Lebensmittelfarbe auf 1 Portion und knete sie ein. Mach es mit den anderen Portionen genauso, mit jeweils einer anderen Farbe.

**5** Forme aus jeder gefärbten Portion ein Quadrat, so groß wie ein Viertel der Form, und lege es auf die untere Teigschicht. Lass alles an einem kühlen Ort 3 Stunden oder über Nacht ruhen.

**6** Stich kleine runde Stücke aus. Hier sind sie gestapelt und mit Zierband in Zellophan gewickelt, aber du kannst es auch anders machen.

**Du brauchst**

Kuchenform, ca. 20 x 20 cm

Backpinsel

Haftfreies Backpapier

Rührschüssel

Ausstechform

Olivenöl

800 g Kokosraspel

1 kg Puderzucker

1 kg Kondensmilch

Lebensmittelfarbe in Grün, Rosa, Blau und Orange

Hübsch und lecker!

# Brownie-Glas

Diese köstlichen Brownies sind ein tolles Geschenk. Jeder, der sie probiert, will sicher das Rezept haben. Schenke deshalb noch ein Glas dazu mit den trockenen Zutaten und der Anleitung (fotokopiere dir die Vorlage für Anhänger auf S. 76).

**TIPP**
Schmücke den Deckel mit eigenem Papier und einem bunten Band.

Mit vielen Schichten sieht es toll aus.

Bestäube die Brownies vor dem Zerschneiden mit Kakaopulver.

## Trockene Zutaten

100 g gehackte
Haselnusskerne

½ TL Backpulver

15 g
Kakaopulver

300 g feiner
brauner Zucker

125 g Mehl,
gesiebt

100 g weiße
Schokolade,
zerkleinert

## Andere Zutaten und Geräte

2 Eier

1 TL
Vanilleextrakt

150 g Butter

Kleine
Schüssel

Große Rührschüssel

Ofenhandschuhe

Sieb

Holzlöffel

Backform
20 x 15 cm

Stieltopf

Glasschale

Kuchengitter

Gabel

90 g Bitterschokolade,
zerkleinert

Teigschaber

Olivenöl

Haftfreies
Backpapier

Backpinsel

1 Lass einen Erwachsenen den Ofen auf 180 °C (Gas 4) vorheizen. Fette mit einem Backpinsel und Olivenöl eine Backform aus und lege haftfreies Backpapier hinein.

2 Schmilz Butter und Schokolade in einer Glasschale über einem Topf mit kochendem Wasser. Rühre ab und zu um. Nimm die Masse vom Herd und lass sie etwas abkühlen.

3 Schlage in einer kleinen Schüssel die Eier auf und füge den Vanilleextrakt hinzu.

4 Gib alle trockenen Zutaten in eine große Rührschüssel. Gieße die geschmolzene Schokolade und Butter hinzu und rühre sie unter.

5 Füge die Eier-Vanille-Mischung hinzu und vermische alles mit einem Teigschaber. Es sollte kein Mehl mehr zu sehen sein.

6 Schütte die Mischung in die Form. Ein Erwachsener soll die Brownies 25 Minuten backen. Lass sie auf einem Kuchengitter abkühlen. Schneide noch in der Form 20 Quadrate.

# Raketenkekse

Die bunten Glitzerkekse werden dir auf der Zunge zergehen.
Du kannst sie einem Freund schenken oder Partygästen
mitgeben. Verpacke sie in einer mit Sternen verzierten
Schachtel oder einer selbst
gemachten Tasche.

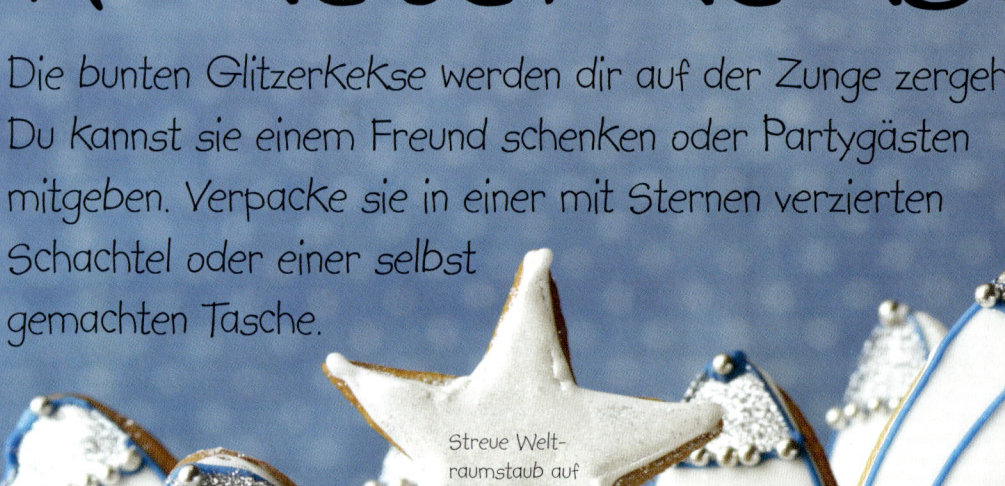

**TIPP**
Sei vernünftig.
Diese Kekse
schmecken so gut,
wie sie aussehen!
Iss nur einen
davon.

Streue Welt-
raumstaub auf
deine Kekse.

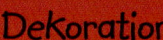

**1** Lass einen Erwachsenen den Ofen auf 180 °C (Gas 4) vorheizen. Lege die Bleche mit Backpapier aus. Knete in einer Rührschüssel die Butter in das Mehl, bis es aussieht wie Brotkrümel.

**2** Schlage in einer anderen Schüssel das Ei auf und gib es zum Mehl. Füge Zucker und Sirup hinzu und verrühre alles zu einem glatten Teig. Stelle ihn 10 Minuten kühl.

**3** Rolle den Teig auf einer bemehlten Fläche 5 mm dick aus. Stich mit den Raketen- und Sternformen Teig aus. Lege die Stücke auf die Bleche. Stich weitere Formen aus, bis der Teig aufgebraucht ist (er ergibt 15–20 Kekse).

**4** Drücke von hinten Holzstäbchen in die Kekse. Ein Erwachsener soll die Kekse 15 Minuten backen. Lass sie auf einem Kuchengitter abkühlen.

**5** Und jetzt die Glasur: Siebe den Puderzucker in eine große Schüssel. Gieße nach und nach Wasser zu und rühre, bis eine glatte zähe Masse entsteht. Löffle etwas davon in einen Spritzbeutel.

**6** Drücke leicht auf den Beutel und spritze einen Glasurrand auf alle Kekse. Lass ihn trocknen. Gib die Hälfte der übrigen Glasur in eine Schüssel und verdünne sie mit Wasser. Tröpfle die flüssige Glasur mit einem Löffel auf die Kekse.

Teile die noch übrige Glasur in 2 Portionen. Färbe 1 rot und 1 blau. Spritze sie auf die Kekse. Verziere sie mit Silberperlen und essbarem Glitter.

## Du brauchst

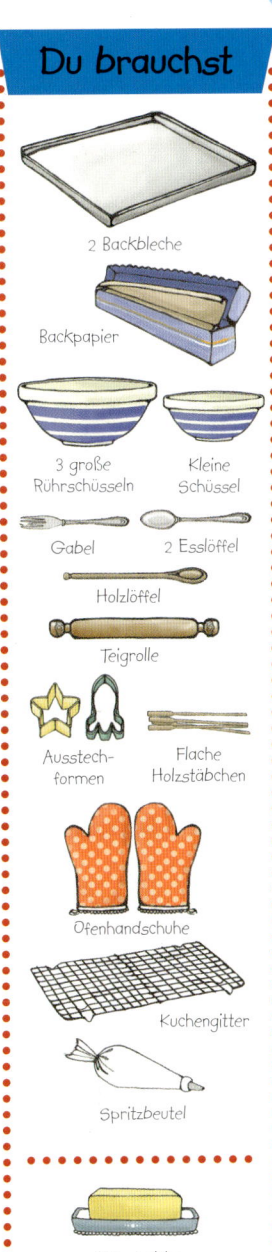

2 Backbleche

Backpapier

3 große Rührschüsseln

Kleine Schüssel

Gabel

2 Esslöffel

Holzlöffel

Teigrolle

Ausstechformen

Flache Holzstäbchen

Ofenhandschuhe

Kuchengitter

Spritzbeutel

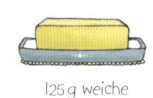

125 g weiche Butter

200 g Mehl

100 g Zucker

2 EL Zuckersirup

1 mittelgroßes Ei

# Herzbrötchen

Diese leckeren Brötchen sind ein gesundes Geschenk. Besonders gut schmecken sie mit Butter und Marmelade. Bastle doch eine eigene Schachtel für sie!

In Seidenpapier sehen sie verlockend aus.

## Du brauchst

Großes Backblech
Backpapier
Kleine Schüssel
Sieb
Große Rührschüssel
Holzlöffel
Feuchtes Geschirrtuch
Schere
Backpinsel
Ofenhandschuhe
Kuchengitter

1½ TL Trockenhefe
1 TL Zucker
300 ml lauwarmes Wasser
500 g weißes Brotmehl und etwas zum Bestäuben
2 TL Salz
Milch zum Bepinseln
Sesam- und Mohnsamen

**1** Lege das Backblech mit Backpapier aus. Gib Hefe, Zucker und ¼ des Wassers in eine kleine Schüssel. Rühre gut um und stelle alles 10 Minuten an einen warmen Ort, bis es schaumig ist.

**2** Siebe Mehl und Salz in eine große Schüssel. Mach in die Mitte eine Mulde und gieße die Hefemischung und das übrige Wasser hinein. Verrühre alles mit dem Holzlöffel zu einem Teig.

**3** Knete den Teig 10 Minuten auf einer bemehlten Fläche durch. Lege ihn in die Schüssel und lass ihn unter einem feuchten Tuch an einem warmen Ort ruhen, bis er sich verdoppelt hat.

**4** Boxe leicht gegen den Teig. Knete ihn dann noch einmal durch. Forme ihn zu 6–8 Herzen. Ritze jedes Brötchen oben leicht ein. Lege sie aufs Backblech. Lass sie, zugedeckt mit einem feuchten Tuch, an einem warmen Ort 30 Minuten gehen.

**5** Lass einen Erwachsenen den Ofen auf 220 °C (Gas 7) vorheizen. Pinsele die Brötchen mit Milch ein und streue Mohn, Sesam oder einfach etwas Mehl darauf.

**6** Ein Erwachsener soll das Backblech in die Mitte des Ofens schieben. Lass die Brötchen 30 Minuten goldgelb backen. Klopfe von unten dagegen – es sollte hohl klingen. Lass sie auf einem Kuchengitter auskühlen.

Lecker, lecker!

## Du brauchst

8 Papp-Kaffeebecher

6 Papp-Espressobecher

8 Muffinförmchen

6 Cupcakeförmchen

Schere

Große Rührschüssel

Holzlöffel

Backblech

Kuchengitter

14 flache Holzstäbchen

150 g weiche Butter

150 g Zucker

150 g Mehl, mit 1 TL Backpulver vermischt

3 Eier, verquirlt

½ TL Vanilleextrakt

6 EL Milch

75 g Schokolade, zerkleinert

100 g Kakaopulver

# Blumentopfkuchen

Diese Leckereien sind das ideale Geschenk zum Muttertag oder zum Geburtstag. Zum Essen sind sie fast zu schade! Zuerst musst du aus dem Rezept von S. 56–57 einen Keksteig für die Blumen und Blätter machen.

1 Lass einen Erwachsenen den Ofen auf 180 °C (Gas 4) vorheizen. Stecke die Cupcakeformen in die Espressobecher und die Muffinformen in die Kaffeebecher.

2 Gib Butter, Zucker, mit Backpulver gemischtes Mehl, Eier, Vanilleextrakt, Milch, Schokolade und Kakaopulver in eine Schüssel und verrühre alles gut mit einem Holzlöffel.

3 Gib jeweils einen Löffel der Mischung in die Cupcake-/Muffinformen und setze sie aufs Backblech. Ein Erwachsener soll das Blech für 20–25 Minuten in den Ofen stellen.

4 Ein Erwachsener soll mit einem Holzstäbchen prüfen, ob die Kuchen fertig sind, und sie aus dem Ofen holen. Lass sie auf einem Kuchengitter auskühlen. Streue Schokoraspel darüber.

## Zum Verzieren

100 g Schokoraspel · 300 g Puderzucker · Wasser · Grüne und orange Lebensmittelfarbe · Spritzbeutel

Befestige nach dem Verzieren die Blumen und Blätter mit viel Glasur an den Holzstäbchen. Gut trocknen lassen!

**5** Forme Kekse: 8 große und 6 kleine als Blumen sowie 22 als Blätter. Glasiere sie wie auf S. 57 beschrieben, aber mit einer Lücke in der Mitte jeder Blume. Lass etwas Glasur übrig. Mit ihr kannst du die Blumen innen orange färben und die Blätter grün mit weißen Adern. Wenn alles fest ist, befestige die Kekse an den Holzstäbchen.

**6** Ist die Glasur ganz fest, stecke in jeden Kuchen eine Blume: große Blumen in die Kaffeebecher und kleine in die Espressobecher.

Gib den großen Blumen 2 Blätter, den kleinen 1.

Wenn die Becher nicht schon bunt sind, hülle sie in buntes Papier.

Die Blumentopfkuchen sind sehr süß. Iss zuerst den Kuchen und spare dir den Keks für später auf.

# Pop-Art-Cupcakes

Dieses Rezept ergibt 20 Cupcakes. Du kannst sie alle zusammen auf einem Tablett verschenken oder aufgeteilt in Schachteln an verschiedene Personen. Du kannst auch mit Glasur einen Gruß auf die Cupcakes schreiben.

## Du brauchst

2 × 12er Muffinbleche

20 Muffin-förmchen   2 Rührschüsseln

Holzlöffel

Esslöffel

Messer

Kuchengitter

Teigrolle

Runde Ausstechformen

150 g weiche Butter

150 g Zucker   150 g Mehl, mit 1 TL Backpulver vermischt

3 Eier, verquirlt

Lebensmittelfarben

Rollfondant   ½ TL Vanille-extrakt

Etwas Puderzucker zum Bestäuben

**1** Setze 20 Förmchen in die Muffinbleche. Lass einen Erwachsenen den Ofen auf 180 °C (Gas 4) vorheizen.

**2** Gib Butter, Zucker, Mehl mit Backpulver, Eier und Vanilleextrakt in eine Schüssel und verrühre sie mit einem Holzlöffel, bis die Masse hell und cremig wird.

**3** Verteile den Teig auf die Förmchen. Ein Erwachsener soll die Cupcakes 15 Minuten goldbraun backen. Lass sie 5 Minuten in der Form abkühlen, danach auf einem Kuchengitter.

**4** Wenn die Cupcakes Spitzen haben, schneide sie ab. Halte dabei das Messer von deinem Körper entfernt.

**TIPP**
Fotografiere deine Kuchen, bevor du sie weggibst. Sie sind ja schließlich kleine Kunstwerke!

**5** Teile den Rollfondant in 15 Portionen und gib auf jede Portion einen Tropfen Lebensmittelfarbe. Knete die Farbe mit den Fingern ein. Wasche dir vor jeder neuen Farbe die Hände.

**6** Bestäube deine Arbeitsfläche leicht mit Puderzucker. Rolle die Fondantstücke etwa 5 mm dick aus. Stich mit Ausstechformen in 3 verschiedenen Größen Kreise aus. Lege diese vorsichtig auf die Cupcakes.

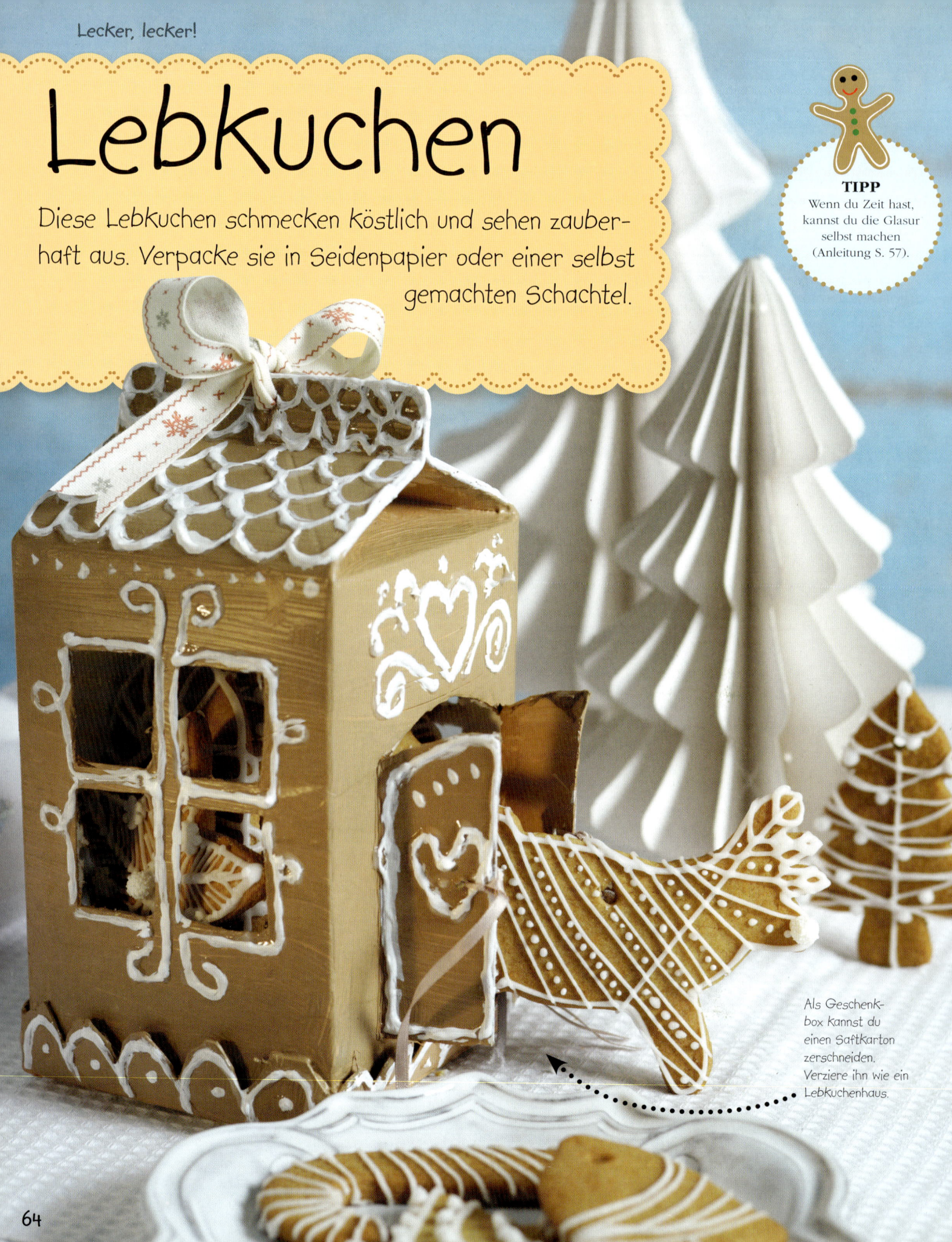

# Lebkuchen

Diese Lebkuchen schmecken köstlich und sehen zauberhaft aus. Verpacke sie in Seidenpapier oder einer selbst gemachten Schachtel.

**TIPP**
Wenn du Zeit hast, kannst du die Glasur selbst machen (Anleitung S. 57).

Als Geschenkbox kannst du einen Saftkarton zerschneiden. Verziere ihn wie ein Lebkuchenhaus.

## Du brauchst

 2 große Backbleche

Backpapier

Teelöffel

Esslöffel

 Große Rührschüssel

Holzlöffel

Ausstechformen

 Teigrolle

Holzspieße

Ofenhandschuhe

Kuchengitter

 350 g Mehl

2 TL gemahlener Ingwer

1 TL Natron

125 g Butter in Würfeln

50 g brauner Zucker

4 EL Zuckerrübensirup

1 Ei, verquirlt

Fertig gekaufte Glasur

Zucker- dekorationen

**1** Lass einen Erwachsenen den Ofen auf 180 °C (Gas 4) vorheizen. Lege die Backbleche mit Backpapier aus. Gib Mehl, Ingwer und Natron in eine große Schüssel. Verrühre die Zutaten, bis sie gut vermischt sind.

**2** Reibe mit den Fingerspitzen die Butter unter die Mischung, bis sie aussieht wie Brotkrümel. Rühre den Zucker unter.

**3** Rühre den Sirup und das Ei unter, bis die Mischung allmählich zum Teig wird. Knete den Teig auf einer leicht bemehlten Fläche glatt.

**4** Rolle den Teig mit der Teigrolle auf der gleichen Fläche 5 mm dick aus. Stich mit den Förmchen Kekse aus. Stich aus dem neu ausgerollten Restteig weitere Kekse aus usw. Lege sie auf die Backbleche.

**5** Bohre mit einem Holzspieß in jeden Keks ein kleines Loch. Bitte einen Erwachsenen, die Kekse 10 Minuten goldbraun zu backen. Lass sie auf dem Kuchengitter abkühlen. Jetzt noch die Glasur und die Verzierungen.

**6** Wenn die Glasur fest ist, kannst du die Lebkuchen an einem bunten Band aufhängen, zum Beispiel am Weihnachtsbaum – falls sie nicht vorher gegessen werden!

# Teeparty

Lade doch mal als besondere Überraschung eine
Freundin zum Teetrinken ein. Bevor sie da ist, kannst
du in aller Ruhe hübsch den Tisch decken. Sie
wird deine köstlichen Teekuchen lieben.

**TIPP**
Bastle aus Papp-
becher und Karton
einen originellen
Ständer für deine
Kuchen.

## Du brauchst

Große Rührschüssel
Sieb
Streichmesser
Holzlöffel
Teigrolle
Sternförmiger Ausstecher
Backpinsel
Großes Backblech
Kuchengitter
Ofenhandschuhe

50 g Butter in Würfeln
250 g Mehl
50 g Zucker
150 ml Milch
2 TL Backpulver
1 Prise Salz
Ei oder Milch zum Bestreichen

## Beilage

Marmelade
Schlagsahne

1 Lass einen Erwachsenen den Ofen auf 220 °C (Gas 7) vorheizen. Fette das Backblech mit etwas Butter ein. Siebe Mehl, Backpulver und Salz in eine Rührschüssel. Füge die Butter hinzu.

2 Reibe mit den Fingerspitzen die Butter und die Mehlmischung zusammen, bis sie aussieht wie Brotkrümel. Gib mit dem Holzlöffel den Zucker dazu und verrühre alles gründlich.

3 Rühre mit einem Streichmesser die Milch ein, bis die Mischung ein weicher Teig ist, der sich zu einem Ball formt. Durch sanftes Kneten lassen sich Risse im Teig beseitigen.

Je nach Größe des Ausstechers ergibt der Teig 8-10 Kuchen.

4 Rolle den Teig 2 cm dick aus und stich mit der Ausstechform Sterne aus. Rolle den restlichen Teig neu aus und stich weitere Kuchen aus.

5 Lege die Kuchen mit etwas Abstand auf das Blech. Bestreiche sie mit Ei oder Milch. Ein Erwachsener soll sie 10-12 Minuten goldbraun backen.

6 Wenn die Kuchen ausgekühlt sind, schneide sie in der Mitte durch. Bestreiche sie mit Schlagsahne (oder Frischkäse) und Marmelade und setze sie wieder zusammen.

Schön
verpackt

BUNTES Papier!

**TIPP**
Mach die Schmetterlinge
aus Geschenkpapier
oder buntem Papier.

# Geschenktaschen

Wenn du etwas verschenken willst, musst du es vorher ein-
packen. Geschenktaschen aus Müslikartons eignen sich gut,
denn sie sind groß und stabil. Lass beim Design deine Fantasie
walten. Oder mach es so:

**1** Bemale einen Müslikarton von außen mit
hellblauer Acrylfarbe.

Nimm für die Bögen
2 verschieden große Teller.

**2** Ist die Farbe trocken, zeichne oben
am Karton Griffe ein. Schneide diese
Bereiche aus.

**3** Schneide aus weißem Papier Wolken aus.
Klebe sie vorn und hinten auf den Karton.

**4** Zeichne auf die Rückseite von
schönem Papier Schmetterlinge.
Schneide sie aus und biege die Flügel
etwas nach vorn. Klebe die Schmetterlinge
(nicht die Flügel!) mit Klebestift auf die Tasche.

Binde eine Schleife daran.

Du brauchst

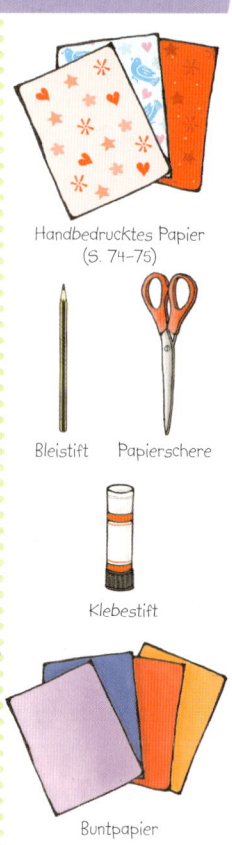

Handbedrucktes Papier
(S. 74–75)

Bleistift    Papierschere

Klebestift

Buntpapier

# Post mit Herz

Wenn du das nächste Mal Karten oder Briefe schreibst, stecke sie in einen *selbst* gemachten Umschlag. Der Empfänger wird diese besondere Aufmerksamkeit sehr zu schätzen wissen!

Das Herz sollte symmetrisch sein.

1 Falte ein Blatt handbedrucktes Papier in der Mitte. Zeichne auf die unbedruckte Seite ein Herz, wie oben gezeigt.

2 Schneide das Herz aus. Falte die Seiten bis fast in die Mitte, aber mit noch etwas Platz dazwischen.

3 Halte mit den Fingern die Seiten fest und falte gleichzeitig von unten über die Mitte auf die Spitze zu. Klebe die Falten innen mit dem Klebestift an.

4 Streiche alle Ränder glatt. Wenn du etwas hineingesteckt hast, musst du nur die Spitze zur Mitte hin falten und einstecken.

Wenn du am Anfang 2 Blätter zusammenklebst, hat dein Umschlag auch ein Innenfutter.

Mach auch das Schreibpapier selbst.

Schneide aus rosa Papier ein Herz und schreibe darauf. Falte es so, dass es in den Umschlag passt.

Kaufe im Schreibwarenladen verschiedene Stempel für das Papier.

## Du brauchst

Schwammstempel

Stempelkissen

Buntpapier
DIN A3

Glitzergelstifte

Schere

Geschenkband

**TIPP**
Damit es ein bisschen verwaschen aussieht, tupfe den Stempel vorher mit Altpapier ab.

Verpacke ein Geschenk, dann siehst du, wie toll es wirkt!

# Papierwerkstatt

Bastle dir dein eigenes Geschenkpapier! Die Schwammstempel und Tinten dafür bekommst du im Schreibwarenhandel. Wenn du alles auch noch schön verzierst, werden die Beschenkten staunen.

**1** Kaufe Stempel mit Motiven, die dir gefallen, und teste sie auf Papier. So bekommst du ein Gefühl dafür, wie man sie gebraucht.

**2** Wähle ein Motiv, Papier und Tinte aus, die du verwenden willst, und breite das Papier auf einer ebenen Fläche aus.

**3** Und jetzt stemple! Verteile dein Muster sorgfältig über das Papier. Achte darauf, dass du die Tinte nicht verwischst, wenn du über das Blatt gehst.

**4** Gib deinem Papier mit Glitzergelstiften in Gold und Silber Extraglanz. Du kannst das Gedruckte ergänzen oder den Raum dazwischen verzieren.

Gestalte eine Auswahl
an Geschenkpapieren,
umwickle sie mit Band
und verwahre sie für den
nächsten Geburtstag
oder andere Anlässe.

# Anhängsel

Bastle mit deinen Stempeln
tolle Geschenkanhänger!
Klebe einfach das ge-
stempelte Muster
auf einen gekauften
Anhänger.

Lass ein Vögelchen
für dich flüstern!

Klebe Schmetter-
linge mit den
Flügeln nach oben
gebogen auf.

Falte
fünf
Papier-
herzen und
klebe sie auf.

Stemple ein Blumenmotiv
und bastle dann aus Alt-
papier Stiel und Blätter.

# Vorlagen

Bei einigen Projekten in diesem Buch benötigst du Vorlagen.

## VOGELKÄFIG

S. 8–9

Nimm diesen Vogel – oder entwirf einen eigenen.

Fotokopiere den Vogel und schneide ihn aus.

S. 54–55

### BROWNIES

**Du brauchst:**
• Öl zum Einfetten • 90 g Bitterschokolade, zerkleinert
• 150 g Butter • 1 TL Vanilleextrakt • 2 Eier
• alle trockenen Zutaten aus diesem Glas

1 Lass einen Erwachsenen den Ofen auf 180 °C (Gas 4) vorheizen. Fette eine Backform (20 x 15 cm) mit Öl ein und lege sie mit Backpapier aus.
2 Schmilz Butter und Schokolade in einer Glasschale über einem Topf mit kochendem Wasser.
3 Schlage in einer kleinen Schüssel die Eier auf und füge den Vanilleextrakt hinzu.
4 Verrühre die trockenen Zutaten in einer großen Schüssel mit der geschmolzenen Schokolade und den Eiern.
5 Vermische alles gründlich mit einem Teigschaber.
6 Schütte die Mischung in die Form. Lass die Brownies 25 Minuten backen und dann in der Form abkühlen. Schneide 20 Quadrate.

## ⚠ FILZTASCHE

S. 30–33

Fotokopiere die Vorlagen, schneide sie aus und hefte sie auf den Filz.

Fuchsvorlage

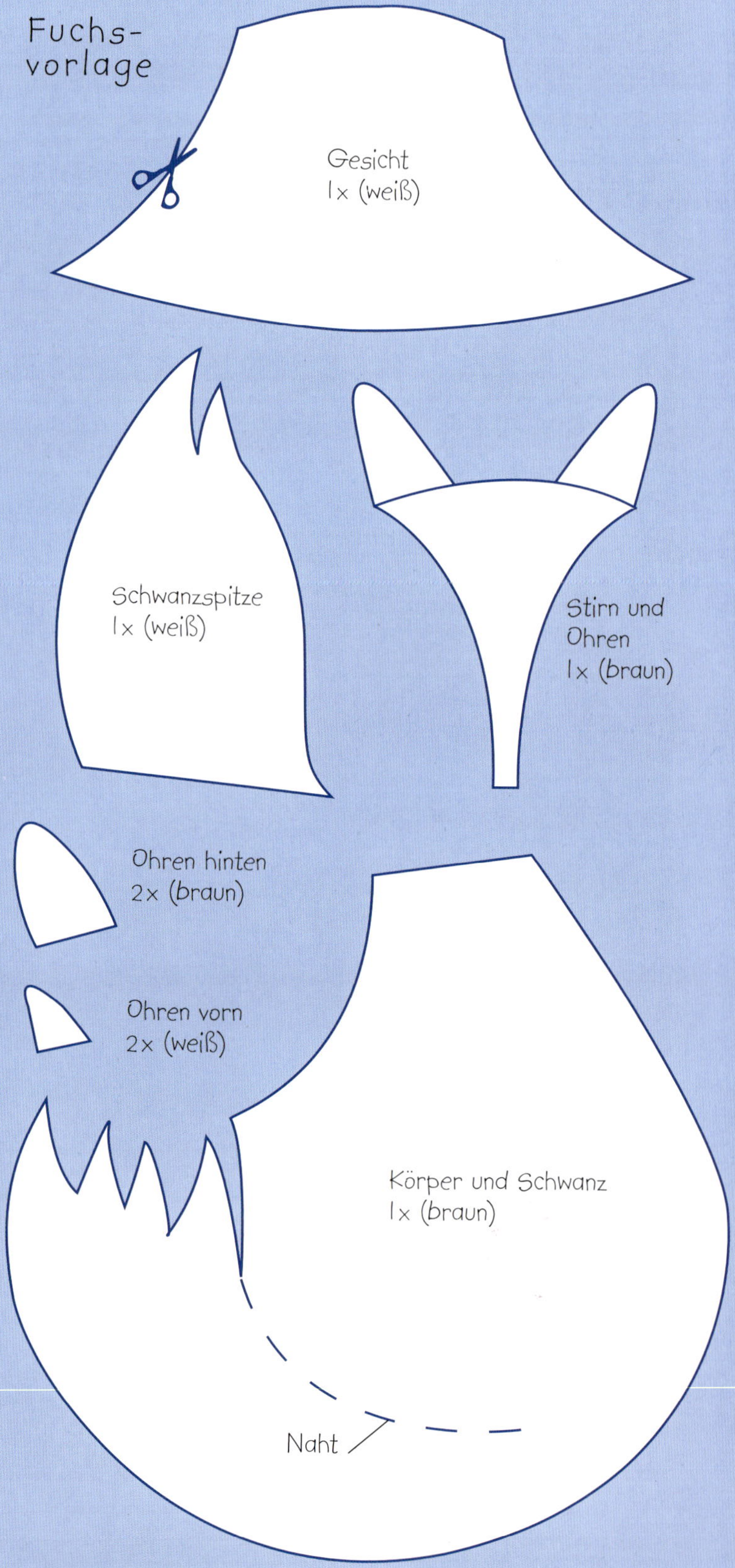

Gesicht
1x (weiß)

Schwanzspitze
1x (weiß)

Stirn und Ohren
1x (braun)

Ohren hinten
2x (braun)

Ohren vorn
2x (weiß)

Körper und Schwanz
1x (braun)

Naht

## Äußere Tasche (grün) – Gesamtlänge des Filzes 30 cm

Schneiden.

Markiere den Filz hier fürs Nähen.

Falte den Filz hier, sodass er doppelt liegt.

Äußere Klappe der Tasche (schneide sie zurecht, wenn der Fuchskopf aufgenäht ist).

Markiere den Filz hier fürs Nähen.

Schneiden.

## Innere Tasche (weiß) – Gesamtlänge des Filzes 30 cm

Falte den Filz hier, sodass er doppelt liegt.

Innere Klappe der Tasche (schneide sie zurecht, wenn der Fuchskopf aufgenäht ist).

Position des Druckknopfs

# MAUS IN DER DOSE

S. 34–35

⚠️

Fotokopiere die Vorlage und schneide sie aus.

Mauskörper
2x (grau)

Blattrückseite
2x (1 hellgrün,
1 dunkelgrün)

Falte entlang der gestrichelten Linie.

Schwanz
1x (grau)

Füße hier
(Schritt 4
auf S. 34)

Ohren
2x (pink)

Füße
2x (grau)

Ohren
2x (grau)

Arme
4x (grau)

Blattvorderseite
2x (1 hellgrün,
1x dunkelgrün)

# ⚠ FILZANSTECKER

Fotokopiere die
Vorlagen auf eine
Größe deiner Wahl.

S. 26–29

## Du brauchst

Pauspapier • Stift • Filzstücke
• Stecknadeln • Stoffschere
• Nadel • Stickgarn • Perlen
• Polyesterfüllung • Anstecknadeln

## Hund

Fliege 2x (rosa)

Körper
2x (schwarz)

Du brauchst
auch 1 Perle
(schwarz).

## Süßer Welpe

Augen 2x (schwarz)

Nase 1x
(schwarz)

Kopf 2x
(weiß)

Ohren hinten
2x (hellbraun)

Ohren vorn
2x (hellbraun)

Innenohr
2x (rosa)

Flecken 2x
(hellbraun)

## Kätzchen

Noch ein Anstecker, den du mit der gelernten Technik machen kannst.

Naht

Kopf 2x
(schwarz)

Gesicht
1x (weiß)

Innenohr 2x
(rosa)

Du brauchst auch
2 schwarze Perlen.

Nase 1x
(rosa)

Körper 2x
(schwarz)

Brust 1x
(weiß)

Schwanz 2x
(schwarz)

Wange 2x
(weiß)

Pfoten 4x
(weiß)

## Sheriffstern

Kreis 1x
(hellgelb)

Kleiner Stern
1x (orange)

Großer
Stern 2x
(gelb)

Du brauchst
auch 11 winzige
Perlen (gold).

## Nettes Monster

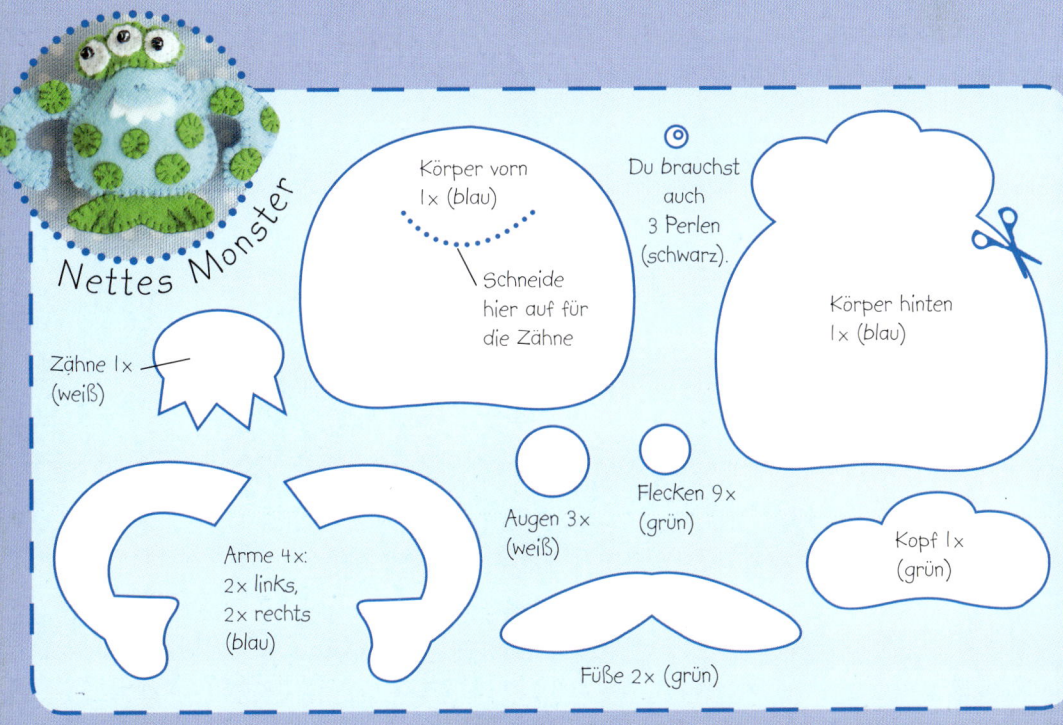

Körper vorn
1x (blau)

Du brauchst
auch
3 Perlen
(schwarz).

Schneide
hier auf für
die Zähne

Körper hinten
1x (blau)

Zähne 1x
(weiß)

Arme 4x:
2x links,
2x rechts
(blau)

Augen 3x
(weiß)

Flecken 9x
(grün)

Kopf 1x
(grün)

Füße 2x (grün)

## Filzblumen

Mitte 2x
(orange)

Kleine Blume
2x (lila)

Große Blume
2x (lila)

Mitte 1x (rot)

Blume 2x (blau)

79

# Register

**A B C D**

Anhänger 44–45
Anstecker 26–29, 79
Blumen 10–13, 28, 48–49, 60–61, 79
Blütenblätter 10–13, 18
Brosche 26–29, 79
Brötchen 58–59
Brownies 54–55, 76
Collage 22
Cupcakes 60–63
Dose 34–35

**E F G H**

Echse 38–41
Eisbär 20–21
Fee 16–19
Filz 26–35, 76–79

Flügel 7, 9, 19, 71, 75
Fuchs 30–33, 76
Geschenkanhänger 75
Geschenkpapier 74–75
Geschenkschachtel 64
Geschenktaschen 70–71
Haarband 13
Herzen 14–15, 58–59
Hund 26–27, 29, 79

**K L**

Katze 26, 79
Kekse 56–57, 61
Kette 44–45
Kneten 44, 59, 65
Kokoshappen 52–53
Kuchen 54–55, 60–63
Lebkuchen 64–65

**M O**

Maus 34–35, 78
Monster 26–29
Muttertag 48–49, 60
Mütze 26–27
Origami 10–13

**P S**

Pappmaschee 7, 20–21
Perlen 26–35, 38–41, 79
Pompons 33, 36–37
Pop-Art 62–63
Prinzessin 22–23
Saumstich 27–29, 35, 80
Schlüsselring 38–41
Sheriffstern 28, 79
Spardose 20–21
Stehkarte 22–23

Steppstich 31, 80
Sticken 29, 35
Stifthalter 6–7

**T V W**

Tasche 30–33, 70–71, 76–77
Teig 44, 54–67, 76
Valentinstag 14–15
Verbandgips 48–49
Verzierungen 10–13, 16–19, 44–45, 48–49
Vogelkäfig 8–9, 76
Vorlage 23, 76–79
Vorstich 27, 28–29, 31, 35, 80
Weihnachten 16–19, 64–65
Weihnachtsmann 19
Welpe 29, 79
Wolle 33, 37

## So stickst du richtig

Verknote zuerst einmal den Faden. Mach am Ende einer Reihe einen kleinen Stich, ziehe ihn aber nicht fest. Stecke den Faden noch einmal durch die Schlaufe und ziehe dann zu. Wiederhole das und schneide dann erst den Faden ab.

Halte die Stiche und die Abstände klein und gleichmäßig.

### Vorstich

Ein sehr vielseitiger Stich, mit dem man säumt, Stoff zusammennäht oder rafft.

Mach den Stich und gehe dann mit der Nadel dahin zurück, wo der letzte Stich endet.

Komm mit der Nadel heraus für den nächsten Stich.

Ansicht von hinten

### Steppstich

Der kräftigste Stich. Er bildet eine durchgehende Linie und eignet sich daher gut, um zwei Stücke Stoff fest zu verbinden.

1. Verknote den Faden und stich mit der Nadel durch den Stoff.

2. Stecke die Nadel neben dem Stich wieder ein und dann so heraus, dass du das lose Ende auffängst.

3. Stecke die Nadel wieder so ein und aus, dass der nächste Stich genauso wird und auch das lose Ende mitnimmt.

4. Mach so weitere Schlaufen.

### Saumstich

Damit macht man ordentliche, dekorative Ränder und näht Stoffstücke zusammen.